AF243591

RÉPONSE

AUX

ARTICLES DU ZÉRAMMA

PUBLIÉS

DANS LES NUMÉROS DES 5, 12 JUILLET ET 12 AOUT DERNIERS.

METZ.

IMPRIMERIE F. BLANC, RUE DU PALAIS.

—

1865.

RÉPONSE

AUX

ARTICLES DU ZÉRAMMA

PUBLIÉS

DANS LES NUMÉROS DES 5, 12 JUILLET ET 12 AOUT DERNIERS.

Ne pouvant obtenir, quant à présent, même par voie d'huissier, du journal le *Zéramma*, qu'il insère dans ses colonnes mes réponses aux articles qu'il a publiés récemment contre moi et contre mon projet pour la fourniture de l'eau à la ville de Philippeville, j'ai pris le parti de les publier moi-même, afin que, malgré les détestables moyens qu'emploient mes adversaires en abusant de leur position, leur bonne foi et leur loyauté soient mises au grand jour.

Et bien que, par suite du parti que l'on a su tirer de mon éloignement, il me reste peu de probabilité de réussir dans mes efforts pour empêcher la ruine de Philippeville, je ne puis croire encore que nos

Conseillers municipaux actuels, dont la plupart ont été trompés, resteront sourds à la vérité et se refuseront à comprendre que la délicatesse leur fait un devoir de ne pas décider des destinées de Philippeville et de toutes ses ressources financières, présentes et à venir, au moment où l'on annonce que les communes de l'Algérie vont être appelées à nommer leurs conseillers municipaux.

Et quel que soit le parti qu'ils prennent, tant que l'adjudication du projet de Filfila n'est pas approuvée, je conserve l'espoir que mes accents de vérité parviendront à éveiller la sollicitude de nos autorités supérieures.

Monsieur le Rédacteur,

Un officieux, bien ou mal intentionné, que je remercie, m'a adressé à Paris le numéro de votre journal du 2 août, qui contient un prétendu extrait d'une lettre de votre correspondant de Paris et un compte rendu d'une fête improvisée en l'honneur de ma défaite dans la question des eaux de Philippeville. Dans cet article, signé de vos initiales, je suis accusé de calomnie et d'avoir voulu, par mes intrigues, porter préjudice à la ville. Vous annoncez que le bruit court que je vais être poursuivi par l'Administration, à raison de ces méfaits.

Bien que vous vous intituliez rédacteur du *Zéramma,* on sait, Monsieur, que vous ne tenez pas la plume et que vous êtes obligé de vous soumettre à ceux qui vous font vivre, ainsi que je vous l'ai souvent entendu dire, notamment lorsque dernièrement, après avoir consulté vos mentors, vous m'avez refusé d'insérer dans votre journal la pétition adressée à S. Exc. le Maréchal gouverneur, par un grand nombre de propriétaires, pour obtenir que le projet de Filfila ne soit pas mis en adjudication avant que j'aie été mis en demeure d'exécuter ma proposition de fournir gratuitement l'eau nécessaire à la ville.

J'ai donc la conviction que vous n'êtes pas l'auteur de l'article dont il s'agit, et qu'il vous a été imposé. Je ne vous demanderai donc pas compte devant la justice, comme je pourrais le faire, des dénigrements à mon adresse qu'il contient, puisque je suis persuadé que je n'atteindrais pas mon véritable agresseur. Pour toute représaille, je me bornerai à lui donner publiquement l'assurance de mes dédains pour les injures et les menaces partant de certaines gens, et de mon profond mépris pour tous ceux qui n'ont ni la conscience ni le courage de leurs actes.

Toutefois, comme cet article de votre journal pourrait fausser l'opinion publique, je vais y répondre par l'exposé succinct des faits, afin qu'en dépit de toutes les manœuvres, la responsabilité en pèse, dans l'avenir, de tout son poids sur qui de droit.

J'ai précédemment démontré, par des chiffres, dont je défie qui que ce soit de contester l'exactitude, qu'il doit résulter du projet de Filfila que la commune qui, jusqu'ici, s'est toujours trouvée à court avec 40 000 francs pour faire face aux travaux neufs et d'entretien de la ville, n'aura plus, pour ces mêmes travaux, qu'un disponible de 20 000 francs qui, suivant toute probabilité, sera encore réduit par l'abaissement que le développement de la culture de la vigne en Algérie fait subir au produit de l'octroi de mer, et sera grevé des dépenses de gardiens et d'entretien de la conduite de Filfila, et peut-être aussi d'un surcroît de dépenses résultant de l'adjudication des travaux de cette conduite à un prix supérieur aux devis.

Il est donc certain que la ville, ayant épuisé tout son crédit, se trouvant dans la nécessité de remplir les engagements résultant de ses emprunts, ne pourra sortir d'embarras qu'en frappant la population d'impôts extraordinaires en sus de celui qu'elle paye déjà sur la viande.

Or, je le demande, n'est-ce pas une situation déplorable pour une ville naissante, où tout est à faire?

N'est-elle pas de nature à faire fuir ceux qui s'y trouvent ou qui voudraient y venir?

Serait-il possible qu'il y eût des propriétaires assez aveuglés pour s'en réjouir?

Quant à moi, quel a été mon rôle?

Qu'ai-je fait pour m'attirer les colères de certains personnages qui vont jusqu'au délire, comme le prouve le feu d'artifice tiré, comme le dit le *Zéramma,* en l'honneur de ma défaite.

Préoccupé des suites désastreuses qu'aurait pour Philippeville le projet de Filfila, me rappelant avoir entendu dire à mon beau-frère, M. Lionnet, qui a été ingénieur à Philippeville, qu'il ne mettait pas en doute que les Romains n'eussent d'autres moyens que la source insuffisante du Beli-Meleck pour remplir les nombreuses citernes qui dominent la ville, j'ai recherché ces moyens que, jusqu'alors, d'épaisses broussailles avaient empêché de découvrir. J'ai été ainsi amené à reconnaître qu'on pouvait très-facilement amener, par une conduite qui ne coûterait pas 20 000 francs, les eaux de l'Oued-el-Ouach dans les citernes ;

Que l'on pourrait, en outre, à l'endroit même de la prise d'eau, établir, dans des conditions exceptionnellement favorables, un barrage,

Et que l'on aurait ainsi toute facilité pour remplir et maintenir pleines, jusqu'au moment des chaleurs, les citernes de la ville dont le contenu, ajouté au produit des sources, suffirait pour assurer l'approvisionnement d'eau de la population pendant les mois de sécheresse.

Après avoir consulté des ingénieurs, après avoir même pris l'avis de M. l'Ingénieur, auteur du projet de Filfila, qui a écrit que « mon projet présenterait des avantages sérieux sur tous ceux préconisés ou appliqués jusqu'à ce jour, » j'ai offert, il y a *deux ans,* à la ville de lui fournir gratuitement, dans un délai de six mois, toute l'eau de bonne qualité nécessaire pour alimenter, en permanence, toutes les bornes-fontaines, abreuvoirs et lavoirs de la ville, à la seule condition qu'il me serait laissé le droit, pendant cinquante ans, d'établir, à mon profit, des conduits d'eau à domicile chez les habitants qui en désireraient. Après ce temps, la commune devait devenir propriétaire de tous mes travaux; je m'engageais, en outre, à lui payer 10000 francs d'indemnité si je ne réussissait pas à remplir mes engagements. Bien plus, comme j'ai le cœur assez haut placé pour savoir, au besoin, sacrifier mon intérêt personnel à l'intérêt général, j'ai offert à la ville de lui abandonner gratuitement mon projet si elle voulait elle-même l'exécuter.

J'en appelle aux hommes sensés et de bonne foi, n'est-il pas de toute évidence qu'il était de l'intérêt de la ville que ma proposition fût acceptée? Que cette acceptation aurait coupé court à tous les commentaires plus ou moins inté-ressés, et que, depuis dix-huit mois, on saurait à quoi s'en tenir sur mon projet, qui ne pouvait, quelle qu'en fût l'issue, être préjudiciable à la commune et qui, tout au moins, devait avoir pour résultat utile de donner de l'eau aux propriétés des vallons de Beli-Meleck et de l'Oued-el-Ouach, et de per-mettre de remplir avec l'eau de la source de l'Oued-el-Ouach, la nouvelle citerne pour laquelle on vient de dépenser si *judi-cieusement* 100000 *francs,* bien qu'on ait pas d'eau pour la remplir en temps utile, et que l'on poursuivît à la même époque l'exécution du projet de Filfila.

Ne suis-je pas fondé à dire que si on ne m'a pas mis au pied du mur et en demeure d'exécuter ma proposition, c'est qu'on était certain que je réussirais complétement, et à tous les points de vue, n'est-ce pas aussi affligeant que déplo-rable?

Qu'ai-je fait encore? — Ai-je intrigué, comme on m'en accuse? — Ai-je, comme certain délégué, sollicité de hauts personnages mal informés de vouloir bien mettre le poids de leur influence dans la balance, à défaut de bonnes raisons, pour le soutien de mon projet?

Non, je n'emploie pas ces moyens à l'usage des mauvaises causes. J'ai agi autrement, j'ai réuni tous les documents relatifs à la question, dans une brochure que j'ai adressée au Crédit foncier comme à tous ceux qui étaient appelés à en connaître. Si je suis allé au Crédit foncier, malheureusement trop tard, c'est que, par hasard, je venais d'apprendre que, *sourdement,* des manœuvres se faisaient pour faire revenir cette administration sur la sage décision qu'elle avait prise en toute connaissance de cause.

Le public pourra juger par cet exposé qui a le beau rôle dans cette affaire et de quel côté sont les calomniateurs, les intrigants, les ennemis de notre chère cité qui, tout en affectant une tendre sollicitude pour *ses intérêts,* poussent à sa ruine. — Je n'ajouterai plus qu'un mot, c'est qu'il me semble impossible que des habitants de Philippeville, hormis les saute - ruisseaux et ceux qui, dans un intérêt égoïste ou par sot amour-propre, ont pris la mauvaise voie, aient poussé l'aberration jusqu'à faire l'occasion d'une réjouissance publique d'une mesure dont ils seront les victimes, et que, dans tous les cas, ceux qui auraient pris part à la fête devront, en bonne logique, illuminer leurs maisons le jour où l'impôt extraordinaire, que je leur prédis, viendra les atteindre. — S'ils l'oubliaient, je leur promets de leur rafraîchir la mémoire.

Je compte, Monsieur le Rédacteur, qu'après avoir consenti à publier l'attaque dont j'ai été l'objet, vous ne ferez aucune difficulté pour insérer ma réponse dans le prochain numéro de votre journal.

Monsieur le Rédacteur,

A peine venais-je de répondre à l'article du 2 août courant de votre journal, que je recevais à Metz, les numéros des 5 et 12 juillet du *Zéramma,* qui m'ont été envoyés à Paris, j'ignore par qui.

Nonobstant le laps de temps écoulé depuis que ces numéros ont paru, je ne veux pas laisser passer les articles à mon adresse qu'ils contiennent, sans y répondre.

Et d'abord, je le demande, à quelle sorte de gens ai-je donc affaire dans ce débat de la question des eaux de Philippeville? Pendant que j'étais dans cette ville, et depuis longtemps déjà, j'ai publié tous les documents relatifs à cette question, comprenant un exposé de mon projet et des résultats qu'on peut en attendre. — J'ai réfuté, paragraphe par paragraphe, le rapport fait au Conseil municipal en faveur du projet de Filfila. — Qui que ce soit n'a trouvé un mot à répliquer à mes dires, lorsque l'on savait qu'ils allaient passer sous les yeux de toutes les autorités appelées à en juger. Et quand la nouvelle du refus du Crédit foncier, de consentir à l'emprunt demandé a été connue bien avant mon départ, on s'est tu et on baissait le nez. Mais, aussitôt que l'on apprend que je vais quitter l'Algérie, on conçoit l'astucieux projet d'égarer, en mon absence, l'opinion publique, par des faussetés et des calomnies, afin d'obtenir des manifestations, et une pétition ayant pour but de faire revenir le Crédit foncier sur une mesure sagement prise.

Assurément, ce ne sont pas les bonnes causes qui ont besoin d'être ainsi défendues, ni les honnêtes gens qui agissent de cette façon. Les articles de votre journal, dont il s'agit, sont un tissu de faussetés et d'insinuations perfides.

Je ne prendrai pas la peine de discuter longuement les allégations et les facéties de M. X., relatives à mon projet.

Je lui dirai seulement, pour mettre sa bonne foi en relief:

Qu'il n'est pas vrai que la source du Beli-Meleck cesse de couler à partir de la fin de mai;

Qu'il n'est pas vrai que des observations faites sur l'écoulement des eaux sur le sol, en général, soient applicables à un bassin formé par des montagnes abruptes ayant 75 à 80 p. % de pente (que M. X. paraît, d'ailleurs, avoir oublié que M. l'Ingénieur, pour lequel il a une admiration sans limites, dans un travail qu'il m'a remis, a évalué au cinquième de l'eau, qui tombe dans le bassin de l'Oued-el-Ouach, l'eau qui viendrait dans le réservoir);

Qu'il n'est pas vrai que dans un réservoir alimenté par une source, il faille faire une réduction d'un tiers pour évaporation et dépôt boueux; que des trous de quatre et cinq mètres cubes pleins d'eau, qui se trouvent dans le lit rocheux du ravin, et au fond desquels il n'y a qu'un peu de sable, prouvent que sur ce sol exceptionnel, les eaux ne laissent pas de limon;

Qu'il n'est pas vrai que pour l'exécution de mon projet, il faille dépenser 150 000 francs; que 110 000 francs suffiraient; que, par suite de deux allégations fausses qui précèdent, il n'est pas vrai que l'eau reviendrait à 40 centimes par mètre cube; que ce prix de revient ne serait que de 17 centimes;

Qu'il n'est pas vrai que l'on puisse espérer vendre de l'eau à domicile avec le projet de Filfila, parce que la ville étant ruinée, ne pourra faire les travaux nécessaires pour arriver à cette vente;

Qu'il n'est pas vrai qu'au renouvellement des pluies, l'eau nouvelle viendrait se mêler dans le réservoir de l'Oued-el-Ouach aux résidus des années précédentes, car M. X. sait bien qu'une galerie de curage serait ménagée pour le nettoyage;

Qu'il n'est pas vrai que dans une ville qui peut disposer de 25 à 30 litres d'eau potable par personne et par jour, en conservant ses ressources pécuniaires, il soit louable de ruiner la commune pour porter cette quantité d'eau au chiffre superflu de 80 litres par jour et par habitant;

Qu'il n'est pas vrai, qu'il est même absurde, de prétendre qu'en fournissant toute l'eau nécessaire pour alimenter, en permanence, les bornes-fontaines, lavoirs et abreuvoirs de la ville, je poserais des limites au développement de l'industrie, de la navigation et de la population;

Qu'il n'est pas vrai que l'administration municipale se trouverait dans le cas de racheter, par une indemnité exorbitante, son erreur d'un instant, puisque, tant que je remplirais mes engagements, elle n'aurait pas de regrets à avoir, et que le jour où je ne les remplirais pas, je perdrais tout droit à la vente de l'eau à domicile, et devrais 10000 francs à la commune;

Qu'il est évident que si M. X. a osé produire de semblables billevesées, c'est qu'il croit avoir seul l'intelligence en partage, et pouvoir se moquer impunément de ceux auxquels il s'adresse, comme il le fait quand il entreprend de prouver, par des calculs sophistiques, que l'eau que j'offre de fournir gratuitement serait quatre fois plus chère que celle provenant du projet de Filfila, qui coûterait 750000 francs.

J'aime à croire que, malgré tous ses efforts pour donner le change, malgré tous ses raisonnements à côté de la question sur les réservoirs à ciel ouvert, il n'en restera pas moins démontré, pour les gens sensés et de bonne foi, qu'avec mon projet on peut compléter, dans les conditions les plus heureuses et les plus économiques, l'approvisionnement d'eau de la ville par les citernes; que ces citernes, pouvant ainsi être maintenues pleines, combles, jusqu'au moment des chaleurs, suffiraient largement, et pour longtemps encore, avec le produit des sources, à l'approvisionnement d'eau de la ville, qui conserverait ainsi les ressources pécuniaires dont elle a le plus grand besoin.

Et pour la confusion de mes adversaires, et renverser toutes leurs ruses, il me suffira toujours de leur répéter:

Si l'on était convaincu que l'eau que j'offrais ne serait pas irréprochable, que la quantité en serait insuffisante, pourquoi, depuis deux ans, n'a-t-on pas répondu à mon entêtement en me mettant au pied du mur et en acceptant ma proposition? La ville, sans courir aucun risque, n'y aurait-elle pas gagné 10000 francs, et n'est-il pas évident, dès lors, que le refus que j'ai éprouvé a été dicté par un intérêt contraire à celui de la commune?

Que l'on confie à une commission d'hommes capables, désintéressés dans la question et étrangers à la localité, le soin d'examiner la véritable valeur de mon projet; que l'on fasse une enquête sur la situation et les opérations financières de l'administration municipale; que l'on prévienne tous les créanciers de la commune que, sous peine de déchéance, ils devront faire connaître dans la huitaine ce qui leur est dû, et alors la vérité se fera!

J'aborderai maintenant les insinuations perfides à mon adresse:

On dit que je suis officier comptable — officier comptable en non-activité pour infirmités temporaires — que j'ai une grande fortune et que rien dans ma vie antérieure n'a fait pressentir le désintéressement.

Ce qui évidemment tend à insinuer que je suis un ancien comptable qui, après avoir profité de ses fonctions pour faire une grande fortune, a été mis sans doute de côté.

Si méprisable que soit une agression, il est des circonstances où l'on ne peut se borner à y répondre par le dédain, c'est lorsque l'honneur est en cause; je croirais donc manquer à ce que je me dois à moi-même et à ma famille, si je ne réfutais pas les insinuations dont il s'agit.

Je ne saurais mieux le faire qu'en faisant connaître mes
services :

A dix-huit ans je me suis engagé dans l'armée active. Ayant
été réformé à la suite d'une chute de cheval, je suis entré
trois ans plus tard dans l'administration des subsistances mili-
taires. Comme comptable des subsistances, j'ai géré en
Afrique deux services, celui de Gigelly pendant trois mois et
celui d'El-Arrouch pendant six mois. Les comptes de liquida-
tion de toutes les dépenses dont j'ai été chargé, s'élèvent :
pour Gigelly à.................................... 16 075^f 52^c
pour El-Arrouch à................................ 32 371   »

Pendant que j'étais à El-Arrouch, en avril 1849, cette place
fut, en l'absence de sa garnison, attaquée à l'improviste par
les Arabes, et le commandant du camp constata : « que M. de
» Bouyn, officier comptable du service des subsistances, se fit
» particulièrement remarquer dans cette affaire; que non-
» seulement il tua le porte-drapeau ennemi, mais encore
» qu'il s'offrit de bonne volonté (une attaque de nuit étant à
» craindre), pour aller aussitôt après l'engagement recon-
» naître le lieu où les Arabes s'étaient retirés; qu'il aurait
» demandé que la décoration fût accordée à cet officier
» d'administration s'il ne lui avait manifesté le désir de solli-
» citer pour récompense une résidence en France, qu'il désirait
» vivement obtenir. » Le ministre, en me félicitant, m'accorda
la petite résidence en France que je désirais, et que j'obtins
ainsi au prix d'un pénible sacrifice, pour me soustraire à la
situation fausse dans laquelle se trouvaient les comptables
en Afrique, qui passaient pour en profiter pour faire leur
fortune.

A quelque temps de là, j'étais envoyé au camp du Nord
et chargé de distribuer à une division de cavalerie les den-
rées qui m'étaient livrées par un fournisseur. Ce fournisseur,
au grand scandale des populations, qui ne laissaient pas que
de m'en imputer la responsabilité, faisait payer à l'État
75 francs les cent bottes de foin et 65 francs les cent bottes de

paille, qu'il n'achetait aux producteurs qu'aux prix de 30 francs le foin et de 20 francs la paille. Froissé encore là dans ma susceptibilité, après d'inutiles démarches près de mes chefs, je portais directement à la connaissance de S. M. l'Empereur ce déplorable gaspillage qui fut immédiatement empêché.

Ma démarche, qui tout d'abord avait soulevé les colères de l'administration supérieure, fut sans doute ensuite favorablement appréciée, car la guerre d'Orient ayant éclaté, je fus chargé, avec des émoluments très-généreusement fixés, de la mission importante de surveiller et de diriger, sous les ordres directs du ministre de la guerre, les grandes opérations qui eurent lieu pour le ravitaillement de l'armée d'Orient dans les contrées avoisinant l'Adriatique. Les résultats de mon intervention, considérés au point de vue pécuniaire seulement, furent tels qu'à l'issue de ma mission j'en présentai un résumé qui faisait ressortir que sur les opérations dont j'avais dirigé la continuation, les seules pour lesquelles j'eusse des termes de comparaison, j'avais économisé 3 500 000 francs, y compris une restitution de 380 000 francs que, malgré les plus grandes difficultés, les menaces et les tentatives de séduction, je parvins à faire effectuer de ma propre autorité, par un commissionnaire infidèle, sur des opérations antérieures à mon intervention.

Pendant le cours de cette mission, je fus nommé officier comptable de deuxième classe, par un décret spécial de l'Empereur avec lettre de félicitation du ministre ; et un an après, la paix ayant été faite, je fus, à ma rentrée en France, nommé officier comptable de première classe, avec un tour de choix sans précédent.

Dans cette position, après les services que je venais de rendre, je pouvais certainement prétendre à des postes de premier rang qui me furent offerts ; mais étant souffrant et ayant une grande répugnance, par suite d'une susceptibilité peut-être exagérée, pour des fonctions où l'on est exposé aux soupçons les plus injustes, je demandai et obtins ma mise en non-activité. Si depuis neuf ans bientôt, l'administration supérieure, conformément à mon désir que j'ai renouvelé chaque année, me maintient dans cette position, c'est en considération, je le sais, des services signalés que j'ai rendus et de ceux qu'à l'occasion je pourrais encore rendre.

D'après cet exposé, les lecteurs du *Zéramma* seront à même d'apprécier s'il est vrai que rien dans ma vie antérieure n'indique le désintéressement, et si, au lieu de la modeste fortune que je possède, qui est le patrimoine de mes enfants, accru loyalement par beaucoup d'économies et quelques opérations heureuses, il ne m'aurait pas été facile, en agissant tout autrement que je ne l'ai fait, d'avoir la grande fortune que, faussement et méchamment, M. X. m'attribue.

Je lui dirai, en passant, que si j'ai suivi cette ligne de conduite, c'est que je ne crois pas, comme certain monsieur qu'il connaît, qu'il n'y ait rien de vrai que les mathématiques, et que j'appartiens à une famille dans laquelle on m'a appris à faire plus de cas de l'honneur que de l'argent.

En ce qui concerne ma vie privée, je ne me laisserai pas aller à me vanter du bien que j'ai pu faire ; mais je me bornerai à défier qui que ce soit de citer un fait, un acte qui soit de nature à porter atteinte à mon honorabilité ou à faire douter de mon désintéressement.

En terminant cette réplique à la plus étrange agression, je renouvelle à M. X. l'assurance des sentiments que je lui ai déjà exprimés et le remercie de m'avoir mis en demeure de faire connaître qui je suis et ce qu'il est.

Metz, le 20 août 1865.

Cte Eug. de BOUYN.